v. Michael 1998

Hinrich C. G. Westphal

Wie schön leuchtet der Morgenstern

Erzählungen zwischen Advent und Neujahr

Agentur des Rauhen Hauses Hamburg

Inhalt

Der Tag ist nicht mehr fern

Gedanken über ein Adventslied

Es ist eine der Weisheiten unseres evangelischen Gesangbuches: Gerade diejenigen Dichter, die in ihrem eigenen Leben besondere Tiefen durchgehen mußten, können den eigentlichen Trost unseres Lebens am glaubwürdigsten ausdrücken. Jochen Klepper gehört dazu. Er mußte sich während der Nazi-Zeit schwere Sorgen um seine jüdische Frau und deren beide Töchter aus erster Ehe machen. Aber er lebte selbst in bewegender Weise aus der Erwartung des Advents. Nur darum konnten ihm am Nachmittag des 18. Dezember 1938 diese tröstlichen Verse einfallen:

Die Nacht ist vorgedrungen, / der Tag ist nicht mehr fern. / So sei nun Lob gesungen / dem hellen Morgenstern! / Auch wer zur Nacht geweinet, / der stimme froh mit ein. / Der Morgenstern bescheinet / auch deine Angst und Pein.

Dem alle Engel dienen, / wird nun ein Kind und Knecht. / Gott selber ist erschienen / zur Sühne für sein Recht. / Wer schuldig ist auf Erden, / verhüll' nicht mehr sein Haupt. / Er soll errettet werden, / wenn er dem Kinde glaubt.

Die Nacht ist schon im Schwinden, / macht euch zum Stalle auf! / Ihr sollt das Heil dort finden, / das aller Zeiten Lauf / von Anfang an verkündet, / seit eure Schuld geschah. / Nun hat sich euch verbündet, / den Gott selbst ausersah!

Was mich an diesem Choral so bewegt?

Ich glaube, es ist dies: Jochen Klepper verbindet die drohende Geschichte seiner Zeit mit seiner eigenen bedrohten Lebensgeschichte. Doch selbst in seinem eigenen tragischen Lebensende im Jahre 1942 verliert er nicht den Blick auf die Heilszeit Gottes, die er im Schwinden der Nacht mit der Klarheit des Morgensternes aufziehen sieht.

Die Melodie dieses Chorals läßt nicht den rieselnden Glöckchenklang der Weihnacht aus Zuckerwatte anklingen, sondern den ehrlichen, herben Ton einer Sehnsucht, die für sich weiß, bei wem sie den Trost ihres Lebens finden kann.

Klepper weiß, daß die Angst vor Ghetto, Zwangsscheidung, Deportation und KZ über ihm zusammenschlagen kann. Aber er weiß auch, daß seine Errettung vom Kind in der Krippe herkommt.

Auch ich weiß, daß der Hungersnot in Äthiopien, dem schrecklichen Barkassenunglück im Hamburger Hafen oder den Krankheiten in Familie und Freundschaft weitere Bedrohungen und noch mehr Leid und Schuld folgen können.

Aber ich glaube zugleich, daß all diese Belastungen aufgefangen sind in der tröstenden Hand Gottes, der mich auch im finsteren Tal nicht loslassen wird. Klepper schreibt in seinem Tagebuch: „Wir hoffen irdisch nichts mehr; aber wo wir von Gottes Freundlichkeit gesungen und gepredigt hören, wird uns das Herz weit." Darum kann er sein Weihnachtslied fortführen:

Noch manche Nacht wird fallen / auf Menschenleid und -schuld. Doch wandert nun mit allen / der Stern der Gotteshuld. / Beglänzt von seinem Lichte, / hält euch kein Dunkel mehr. / Von Gottes Angesichte / kam euch die Rettung her.

Gott will im Dunkel wohnen / und hat es doch erhellt! / Als wollte er belohnen, / so

richtet er die Welt! / Der sich den Erdkreis baute, / der läßt den Sünder nicht. / Wer hier dem Sohn vertraute, / kommt dort aus dem Gericht!

Ich spüre, daß es Weihnachten nicht nur um Vergnügen, sondern um Vertrauen geht. Der „Stern der Gotteshuld" wandert mit mir und wirft seinen tröstlichen Schein auf meine zaghaften und krummen Wege. Und er bezeugt mir: Die Rettung, die mit der Geburt des Kindes begann, gilt für alles, was hinter mir liegt und was mir noch bestimmt sein wird.

Flötenspiel über der Alster

Einen ungestörten, produktiven Abend verleben

„Frohes Fest!“ rief der Taxifahrer hinter ihm her, aber da hatte Wolfgang Block die Autotür schon von außen zugeschlagen. „Gleichfalls“, murmelte er grimmig und ging mit seinen zwei Aktenkoffern auf die Haustür zu. „Das einzig Sinnvolle an Weihnachten ist, daß man in Ruhe seine Akten aufarbeiten kann“, sagte er zu sich selbst und setzte den einen Koffer ab, um in der Manteltasche nach seinem Schlüssel zu suchen. In diesem Augenblick kam eine Nachbarin heraus und hielt ihm die Tür auf. Er nickte ihr höflich lächelnd zu und verschwand im Treppenhaus. Einen engeren Kontakt pflegte man in diesem Hause nicht. Hier war sich jeder selbst der Nächste, und das war gut so.

Im Flur duftete es nach Gebäck, auf der Treppe hörte Wolfgang Block Weihnachtsmusik, was ihn ärgerlich stimmte. „Wenigstens in seinen eigenen vier Wänden wird man ja wohl noch vor dieser Gefühlsduselei sicher sein“, dachte er und öffnete die Wohnungstür. Hier erinnerte ihn nichts an Heiligabend. Alles war wie immer. Alles hell und stilvoll. Alles da, wo es hingehörte. So wollte Wolfgang Block es haben. So würde er einen ungestörten und produktiven Abend verleben, und das war gut so.

Der Wein war edel, die klassische Musik sollte seine Ausgeglichenheit fördern, und die Arbeit hätte eigentlich gut von der Hand gehen müssen.

Wolfgang Block war das Alleinsein gewöhnt, er hatte sich damit arrangiert. Manchmal überkam ihn zwar Neid auf die Familien und Freundschaften anderer, manchmal flog ihn auch eine traurige Stimmung an. Aber das geschah selten... Im großen und ganzen hatte er sich mit seiner Lebenssituation zurechtgefunden und alles bestens im Griff.

Desto mehr ärgerte es ihn, daß sich ausgerechnet heute keine rechte Zufriedenheit einstellen wollte. Die Musik und die Geräusche freudiger Geschäftigkeit im Haus störten ihn, die Arbeit fand nicht seine Aufmerksamkeit, und der Wein schmeckte ihm nicht so recht. Einmal ertappte er sich sogar dabei, daß er aufstand und durch den Türspion auf den Hausflur schaute: seine Nachbarin empfing Familienbesuch. Er verabscheute diese Neugier, doch heute schien er auf manches anders zu reagieren. Nur, um sich zu zerstreuen, spielte er ein wenig an seinem Telefonanrufbeantworter herum, den er aus dienstlichen Gründen angeschafft hatte. Natürlich war nicht zu erwarten, daß ausgerechnet am Heiligen Abend einer seiner Kunden etwas darauf gesprochen hatte, obwohl er es fast wünschte, den Klang einer menschlichen Stimme zu hören. Seine eigene Ansage endete wie üblich mit der Aufforderung: „Bitte sprechen Sie jetzt!“; und dann ertönte jener hohe Piepton. Erwartungsgemäß folgte nichts als ein Rauschen, doch dann erschrak Herr Block ein wenig. Aus dem Gerät erklang eine helle Frauenstimme, die er noch nie zuvor gehört hatte. Eine hohe klare Stimme war das, ernsthaft und bestimmt: „Also um 18 Uhr auf dem Alsteranleger Rabenstraße. Bis dahin, gesegnetes Fest.“

Wolfgang Block war ein nüchterner Mensch, falsche Telefonverbindungen oder dumme Scherze konnten ihn nicht aus der Fassung bringen. Aber da klang diese positive Bestimmtheit aus der Stimme der Anruferin und die machte ihn neugierig. Im übrigen war der Anleger nur zehn Minuten Fußweg entfernt. Was lag näher, als seinen Abendspaziergang in diese Richtung zu lenken? Schaden konnte es nicht, und vielleicht brachte ihn dieser Weg ja auf andere Gedanken.

Naß und verhangen war die Dämmerung. In der Johnsallee und der Alten Rabenstraße leuchteten Kerzen und Bäume aus den Fenstern, und von der Johanniskirche am Turmweg tönte Glockengeläut. Wolfgang Block ging schneller. Als er die Brücke zum Anleger betrat, wurde sein Schritt verhaltener. Er blieb stehen und blickte nach vorn. Die Häuser am anderen Ufer wirkten wie ein leuchtendes Band, der Anleger neben ihm war von einer einzelnen Laterne erleuchtet. Daneben eine Bank und das Wartehäuschen für Schiffspassagiere. „Natürlich, niemand da“, sagte sich Wolfgang Block mit einer gewissen Befriedigung und wandte sich zum Gehen. Doch mitten in der Drehung verharrte er: Er glaubte seinen Ohren nicht zu trauen, über dem Wasser schwebte eine zarte, zaghafte Flötenmelodie. Irgendein Weihnachtslied schien es zu sein, er hatte es schon früher einmal gehört. Wolfgang Block war verwirrt, ein wunderliches Gefühl bemächtigte sich seiner. Gab es das, daß jemand ausgerechnet um diese Zeit in einem Boot saß und Weihnachtslieder blies, oder kam die Musik vom Anleger? Er machte einige Schritte zum Wasser hin, die Flötentöne wurden deutlicher. Zögernd und fast auf Zehenspitzen ging er die Treppe hinunter bis an den Anleger und blieb wie angewurzelt stehen. Ihm bot sich eine ungewöhnliche Szene: Auf der Bank in dem zum Wasser

hin offenen Wartehäuschen saß ein älterer Mann in abgetragenen altmodischen Kleidern. Ein Stadtstreicher? Neben dem Flötenspieler stand eine Plastiktasche, vor ihm ein kleiner Klapptisch mit einem Tannenzweig und einer Kerze, die nicht brannte. Wolfgang Block hatte, wenn überhaupt, etwas anderes erwartet. Als er sich wieder zum Gehen wandte, unterbrach der einsame Spieler seine Melodie: „Augenblick, der Herr!“ rief er ihm zu, und Herr Block zögerte. „Hätten Sie wohl ein Streichholz für meine Kerze?“ wurde er so höflich und freundlich gefragt, daß er unwillkürlich zu seinem Feuerzeug griff und es dem eigenartigen Einsiedler reichte. Im Schatten der Flamme sah er ein unrasiertes aber freundliches Gesicht, ganz auf das Anzünden der Kerze konzentriert. Noch immer schien die weihnachtliche Flötenmelodie über dem Wasser zu schweben, und Wolfgang Block konnte sich der eigenartigen Stimmung auf diesem Anleger nicht entziehen. „Hier bitte“, der Mann reichte ihm sein Feuerzeug zurück und fügte einladend hinzu: „Sie werden mir doch die Freude nicht abschlagen, sich einen Augenblick zu mir zu setzen? Unsereins bekommt Weihnachten ja keinen Besuch, und es ist so wichtig, miteinander zu sprechen.“

Es entsprach nicht Blocks Art, sich bei wildfremden Leuten auf Parkbänken oder anderen öffentlichen Sitzgelegenheiten niederzulassen. So hatte er bereits ein abweisendes Wort auf den Lippen, dann aber sagte er nichts und setzte sich einfach hin. Für einen Augenblick könnte man dem einsamen Mann ja mal diese Freude machen.

Flackernd brannte die Kerze auf dem Klapptisch, der Tannenzweig gab eine Ahnung von Weihnachten. Aus der Tiefe seiner Plastiktüte hatte der alte Mann eine

Flasche Wein mit zwei Bechern und einen Christstollen hervorgezogen und Wolfgang Block davon angeboten, zögernd hatte der zugegriffen. Die Unruhe war mit einem Mal von ihm abgefallen, schweigend blickten die beiden auf die weite Wasserfläche vor sich. „Eigentlich", meinte der Einsiedler fast zu sich selbst, während er seinen Becher auf dem Tisch absetzte, „eigentlich bräuchte es gar kein Alleinsein zu geben. Man muß nur den Mut haben, aufeinander zuzugehen." „Aber wenn man doch seine Ruhe haben will", widersprach Wolfgang Block halbherzig. Der Mann neben ihm nickte bedächtig mit dem Kopf: „Sicher, seine Ruhe, die braucht man wohl. Aber die Unruhe in uns, die macht uns hart und bitter. Die wird uns erst genommen, wenn wir wieder zueinander finden." Einen Augenblick lang zögerte er, dann fügte er halblaut hinzu: „Oder vielleicht zu Gott?" Wolfgang Block schwieg. Er hätte vieles entgegnen können, protestierend und logisch durchdacht. Aber seine rationale Betrachtungsweise schien auf seine heutigen Erfahrungen nicht zuzutreffen. Da war dieser merkwürdige Anruf, das Flötenspiel, die Begegnung auf dem Anleger und nun das gemeinsame Schweigen.

Irgendwann stand er auf und ging, dem Alten war's recht. Sie verabschiedeten sich fast wie Freunde. Die Johnsallee sah freundlicher aus als beim Hinweg, irgendwie wärmer. „Man müßte", dachte Wolfgang Block, während er seine Haustür aufschloß, „man müßte mehr miteinander reden, auch ohne Telefonanrufe, die keinen Absender haben." „Gesegnete Weihnachten!" sagte er, als er der Nachbarin von oben rechts auf der Treppe begegnete. Staunend blickte die ihm nach.

Weihnachten im Knast

24. Dezember, 15 Uhr

Ich gehe über den Bahnhofsplatz. Ein Nachmittag wie jeder andere, möchte man meinen. Und doch liegt in der Luft eine ungewohnte Mischung aus Besinnlichkeit und Hetze, aus Erwartung und Einsamkeit. Die Leute haben es eiliger als sonst, nach Hause zu kommen. Ich steige in ein Taxi: Zum Gefängnis bitte! Wie das klingt, als hätte ich etwas Unanständiges gesagt. Der Fahrer schaut prüfend zu mir herüber, dann läßt er den Motor an. Die Hauptgeschäftsstraße ist überfüllt, wir biegen in Richtung Stadtrand ab. Meine Gedanken sind schon beim Gottesdienst.

Der Fahrer neben mir seufzt: „Am liebsten wäre ich jetzt auch im Knast!“ Was sagt er da? Erstaunt frage ich zurück: „Sie wollen am Heiligen Abend im Gefängnis sein?!“ „Ja“, sagt er bitter und zieht den Wagen in eine Kurve, „Heiligabend ist für mich ein furchtbarer Tag!“ Ich sehe fragend herüber, da sprudelt es auch schon aus ihm heraus: Weihnachten bedeute ihm gar nichts mehr, seit seine Frau ihn verlassen hätte. Er wolle heute die ganze Nacht Dienst tun, um nur nicht allein zu sein.

Pausenlos erzählt er weiter, ich sage nur ab und zu ein Wort. Wir sind längst am Ziel. Vor dem Gefängnis ein geschmückter Baum. Was ist der Sinn des Lebens? Ich versuche, ihm etwas zu sagen, es kommt mir so kümmerlich vor. Er drückt mir zum Abschied die Hand. Ich sehe den Schlußlichtern seines Wagens nach, dann läßt mich ein Beamter durchs Tor. Scheinwerfer bestrahlen die Mauern. Das Gefängnis war einst ein KZ. Nein, heil ist unsere Welt auch am Heiligabend nicht, weder draußen noch hier drinnen.

Eine Handvoll Beamter und an die hundert blaubejackte Insassen. Ihr Urlaubsgesuch wurde abgelehnt, oder sie kennen draußen niemanden, der sie einladen will. Tannen am Altar, dazu die alten Lieder. Eine Musikband begleitet den Gesang. Ein Gefangener spielt Geige, ein anderer spricht ein selbstgemachtes Gedicht. Beide tragen Zivil, sie haben 8 Tage Familienurlaub. Nur zum Gottesdienst sind sie zurückgekommen, haben auf ein paar Stunden Freizeit verzichtet, um ihren Mithäftlingen den Tag zu erleichtern. Mir fällt der Taxifahrer ein: Ob er hier ein kleines Stückchen Sinn fände? Die Predigt soll Mut machen und trösten. Ob es gelingt? Selten sah ich so aufmerksame Zuhörer.

Nach dem Gottesdienst geht es zurück in die Zellen. Die Beamten haben Schichtwechsel, der Nachtdienst rückt ein. Ich rede mit dem Schichtführer. Seine Frau ist Alleinsein gewöhnt. Er gibt mir ein Schlüsselbund, ich ziehe los. Ein anderer Kollege begleitet mich.

Wir besuchen die Männer auf ihren Zellen. Lange, kahle Gänge, Tür an Tür. Aufschließen, eintreten und innen zuschließen, und das sechzigmal. Einige liegen auf den Betten, andere spielen Karten oder hören Radio: „Grüße an deutsche Seeleute in aller Welt." Wir bringen kleine Kerzen, Kalender und Kleinigkeiten. Hier zählt das viel. Keiner lästert heute. Die Stimmung ist nicht aggressiv, auch bei den Rockern nicht. Viele von ihnen sind in sich gekehrt und denken an frühere Jahre. Meist gab es in ihrer Kindheit nur Spuren von Liebe und Freude. Aber es ist eine Ahnung da, ein Traum.

Unser Besuch und die kleinen, armseli-

gen Kerzen: vielleicht deuten sie manchem an, daß alles ganz anders sein kann. Einer schreibt einen Brief an seine Frau. Man hat ihm den Urlaub verweigert, er weint vor Wut und Enttäuschung.

Ich werde in ein paar Stunden zu Hause sein. Wir sind ja frei, wir haben den Schlüssel. Aufschließen, zuschließen, aufschließen, zuschließen. Wir führen viele Gespräche und schütteln viele Hände. Mehr können wir nicht tun. Unsere Besuchstour hat angestrengt, aber es liegt ein Sinn darin. Auch für uns selbst.

Die Bahn rollt durch die Nacht. Es gibt nicht mehr viele Fahrgäste heute. Ich suche ein leeres Abteil und mache es mir bequem. Draußen erleuchtete Häuser, warmer Kerzenschein, Fernsehflimmern. Ab und zu ein Auto. In einer Stunde bin ich zu Hause. Wahrscheinlich bekomme ich den Schluß der Christmette noch mit: Eine besinnliche Viertelstunde in der Stillen Nacht. Tropfen rollen über die Scheibe. Ich stütze den Kopf müde in die Hand; der Tag war lang.

Meine Gemeindekirche wird voll sein. Wir werden gemeinsam singen „Stille Nacht, heilige Nacht!“ Man kann einiges gegen das Lied sagen, ich weiß, aber dort heißt es auch „Christ, der Retter ist da“. Der Satz ist wichtig! Er könnte der Schlüssel sein für den Taxifahrer und die Gefangenen. Ihre Einsamkeit muß nicht das Letzte sein. Unser Alleinsein ist noch nicht alles. Wo Jesus ins Spiel kommt, ist Grund zur Hoffnung. „Christ, der Retter ist da.“ Die Lichter des Bahnhofs tauchen auf, der Zug fährt ein ...

Zweierlei Maß

Ein unverbesserlicher Optimist

Peter und Susanne waren am Küchentisch ihrer Eppendorfer Wohnung in weihnachtliche Vorbereitungen vertieft. Genauer gesagt, versuchte Susanne, ein nacktes Hühnchen zu zerlegen, während Peter ihr aus der Zeitung vorlas. Das war ihre Art der Arbeitsteilung, die anscheinend zu beider Zufriedenheit ausfiel. Als es fordernd an der Haustür schellte, ließen sie Zeitung und Hühnchen sinken und schauten sich verwundert an. „Mach du auf", meinte Susanne, „ich habe fettige Hände." Knurrend legte Peter die Zeitung beiseite und erhob sich schwerfällig. Als er die Tür öffnete, stieß er einen Laut aus, der nicht gerade wie ein Freudenruf klang. Vor der Tür stand Alfons Brett, der neue Hausbesitzer, und schlug mit einem Zollstock autoritätsheischend an sein Bein: „Ich muß noch einmal", forderte er grußlos, „Ihr Wohnzimmer vermessen. Wegen der Mieterhöhung." Peter runzelte die Stirn: „Muß das gerade heute sein, einen Tag vor Weihnachten?" „Doch", beharrte Herr Brett und fügte hinzu: „schließlich muß ich die Frist einhalten. Das meint auch mein Rechtsanwalt." Peter und Susanne waren einiges gewohnt von diesem hartleibigen Mann, und so ließen sie ihn achselzuckend herein. Schnaufend kroch er eine Viertelstunde lang auf dem Fußboden herum, raffte Zollstock und Notizbuch zusammen und verschwand mit knappem Gruß.

„Verstehst du das?“ fragte Peter kopfschüttelnd, als sie wieder allein waren. „Hamburger Pfeffersack“, kommentierte Susanne, die gerade das Fleisch von einem Hühnerbein abstreifte, aber Peter widersprach: „Nein, nein, es gibt auch ganz andere.“

Susanne hielt einen Augenblick inne: „Sag mal, habe ich da nicht vorhin etwas an unserem Briefkasten gehört? Sei doch so lieb und schau einmal nach.“ Ob Peter so lieb war, wußte er nicht, aber wenn Susanne solch einen Wunsch äußerte, blieb ihm nichts anderes übrig. Er ging durch den Hausflur vor die Tür, tastete in der Dämmerung nach dem Schlüsselloch des Briefkastens und stieß an diesem Abend seinen zweiten Erstaunensruf aus: „Nun schau dir das an“, rief er von draußen und eilte in die Küche zurück. In seiner Hand lag eine Weihnachtskarte, kitschig und mit silbernen Sternen besprengt, innen stand handgeschrieben: „Herzliche Weihnachtsgrüße von Ihrer Familie Brett.“ Die beiden sahen sich sprachlos an und schüttelten den Kopf: „Wie ist das möglich“, entrüstete sich Susanne: „Da will uns jemand ungerechtfertigt viel Geld aus der Tasche ziehen und droht sogar mit Prozeß, und dann sollen wir ihm diese süßlichen Wünsche abnehmen?“ Peter wendete die Karte in seiner Hand, als ob er ihr noch mehr entnehmen könnte und meinte bitter: „Da siehst du mal, was für unglaubwürdige Floskeln unsere Weihnachtswünsche oft geworden sind.“ Halb abwesend griff Susanne wieder nach dem Huhn, dann fragte sie nachdenklich: „Merken solche Leute denn gar nicht, wie sehr sich diese Formeln von der Wirklichkeit entfernt haben?“ Peter stellte die Karte auf den Küchenschrank: „Und wenn es nun umgekehrt wäre?“ meinte er zu Susanne. „Wie umgekehrt?“ „Nun, könnte es nicht sein, daß Herrn Brett die Umstände seines Besuches hinterher leid taten und er anschließend die Karte in unseren Kasten geworfen hat?" Susanne schüttelte ungläubig den Kopf: „Du bist ein unverbesserlicher Optimist", meinte sie, „wenn du glaubst, daß zu Weihnachten sogar Giftzwerge zu Wohltätern und Halsabschneider zu Boten des Friedens werden." „Wer weiß, wer weiß...", schmunzelte Peter, und auch Susanne mußte lachen: „Erhalte dir nur deinen Idealismus, und was das Wichtigste ist: laß wenigstens uns zum Fest etwas von der Liebenswürdigkeit des Jesuskindes weitergeben." In der kleinen Küche am Eppendorfer Weg zog wieder Zufriedenheit ein, und sicher hätte selbst das Huhn freundlich dreingeblickt, wenn es dazu noch in der Lage gewesen wäre.

„... mehr als Theater“

Erinnerungen an ein Krippenspiel

Ich war gerade drei Jahre alt, als ich „unser“ Krippenspiel zum erstenmal miterlebte: 1947 war's, in einem kleinen niedersächsischen Dorf. Viel verstand ich damals noch nicht, als ich sieben Engel in weißen Gewändern mit brennenden Kerzen durch die dunkle Kirche zum Altar schreiten sah. Aber die erwachsene Gemeinde, aus Krieg, Trümmern und Gefangenschaft noch einmal davongekommen, hörte desto aufmerksamer zu, als die klare Stimme des Vorspruchengels erklang:

„Dunkel die Welt und das Leben oft schwer,
Frau Sorge schleicht an den Häusern her.
Durch unsre Reihen schritt der Tod:
Auf allen Herzen lastet Not.

Und viele Herzen drückt die Schuld:
Ach, Herr hab du mit uns Geduld,
wir sind dir so unendlich fern,
wir hatten diese Welt zu gern.

Ihr Lied klang süß in unsren Ohren,
da haben wir dich ganz verloren.
Nun ist es dunkel um uns her,
nichts als die Sehnsucht bleibt uns mehr.“

Meine Großmutter flüsterte mir zu, das Spiel hätte meine Mutter geschrieben. Ich aber wartete nur darauf, daß es heller würde. Die vielen anderen Engel wollte ich sehen, dazu Maria und Josef, die Hirten, die Könige und die Kinder. Und dann würde die ganze Gemeinde aufstehen und „O du fröhliche“ singen.

Ein Jahr später durfte ich selbst mitspielen, ein kleines Kind zwar, aber immerhin. Hell erleuchtet war die Kirche, und irgend jemand schob mich aus der Bank in den Mittelgang, neben mir zwei andere Dreikäsehochs. Maria und die Engel schauten uns lächelnd entgegen, als wir die Altarstufen emportapsten. Da stand die Krippe, und es lag keine Puppe drin. Nur einmal, hatte mein Vater vorher erklärt, einmal habe wirklich ein Baby dringelegen, das Jesuskind. Irgend jemand knuffte mich in die Seite, und ich sagte mit heller Stimme:

„Du lieber, heilger, frommer Christ,
weil heute dein Geburtstag ist,
drum ist auf Erden weit und breit
bei allen Kindern frohe Zeit.“

Ich weiß nicht, warum der Vorspruchengel mit den langen blonden Haaren ein Lachen unterdrückte. Neben mir versprach sich ein kleines Mädchen. Ich kniete nieder, und über mir sang es vielstimmig: „O du fröhliche, o du selige, gnadenbringende Weihnachtszeit!“

Hildesheim 1950, wir waren umgezogen. Eine Kirche hatten sie hier nicht, nur einen Gemeindesaal. Das Krippenspiel mußte zweimal aufgeführt werden, und man hatte mir eine neue Rolle zugewiesen. Als Hirtenjunge wanderte ich neben und unter den wilden abgerissenen Burschen mit. Knorrige Krückstöcke trugen sie, Petroleumlampen und breitkrempige Hüte. Irgendeiner spielte auf der Flöte und wir anderen sangen:

„So legt euch denn, ihr Brüder,
in Gottes Namen nieder,
kalt ist der Abendhauch . . .“

Dann senkte sich Dunkelheit über unser Lager. Aber durch die halbgeschlossenen Augen entdeckte ich Lichtschein, der von den Engeln ausging, und hörte ein leises Summen von der Orgel her. Der mit der Lampe rüttelte seinen Nebenmann: „Heinrich, steh auf vom Schlaf!“ Doch der grunzte nur: „Was soll's?“ Nochmal der erste: „Ein seltsam Licht ist um uns her!“ Sein Nachbar winkte ab: „Will meine Ruh!“ Aber der Hirte wandte sich an den nächsten: „Karl, wach doch auf, ich fürcht mich sehr, so eine Nacht war noch nie bisher!“ Auch Karl reagierte unwillig:

„Was störst' mich denn in meiner Ruh?
Leg dich und tu' die Augen zu!“

Aber der Hirte hatte so etwas in der Stimme, was uns andere langsam aufweckte:

„Das Licht wird heller, meh und meh,
der Glanz tut schon den Augen weh!“

Jetzt richtete sich auch Karl auf:

„Fürwahr, wie sieht das seltsam aus,
als strahlt's zum Himmelstor hinaus!“

Bald rieben wir uns alle die Augen, und der erste Hirte rief:

„Ihr Hirten all, erwacht, erwacht!
Ein herrlich Licht hat sich aufgemacht!
Das ist wohl nicht von dieser Welt:
eine Botschaft des Himmels es vermeldt!“

Der alte Hirte neben mir legte ängstlich die Hände über die Augen:

„Zu hell ist für unsre Augen der Glanz,
Ich fürcht', wir müssen vergehen ganz!"

Und da war sie wieder, die Stimme des Vorspruchengels. Als sie uns zurief: „Fürchtet euch nicht, siehe, ich verkündige euch große Freude ...", da fielen wir wie ein Mann auf die Knie. Die Engel sangen, und als sie uns wieder verlassen hatten, waren wir noch immer ganz benommen. Irgendwann durfte ich endlich meine Frage loswerden:
„Was tät' der Engel uns verkünden?
Wo sollen wir das Kindlein finden?"

Und als das Gespräch auf die Geschenke kam, die wir dem Jesuskind mitbringen wollten, schlug ich vor: „Zum Spielen bring' ich ihm ein Lamm!" Eine Frau aus der Gemeinde hatte mir ein wunderschönes Lamm genäht, das wir „Pummel-Seidenhaar" nannten, und es fühlte sich auch so an. Als wir zur Krippe stolperten, hielt ich es im Arm, jeden Weihnachten zweimal, viele Jahre lang. Dann zog unsere Familie aus dieser Gemeinde fort. Aber das Krippenspiel nahmen wir mit.

Syke 1958. Die Hirten mußten ohne mich auskommen, denn ich war den drei Weisen zugeordnet. Als die Kronleuchter in der großen Kirche aufflammten, der Chor „Wie schön leuchtet der Morgenstern" anstimmte und die ersten Gemeindemitglieder neugierig nach hinten schauten, kam ich gemessenen Schrittes aus der Turmhalle. Ich trug einen Turban auf dem Kopf und an einer langen Stange einen goldenen Stern. Hinter mir die drei Weisen, weiß und braun, reichlich behangen und üppig geschmückt. In der Mitte des Ganges machte ich Halt und rief dem Vorspruchengel dort oben im Altarraum zu:

„Wir heil'gen drei Könige folgen dem Stern.
Wir kommen von fern her gezogen.
Wir suchen den neuen König und Herrn,
der unter dem Stern ist geboren.
Wir wollen Weihrauch, Myrrhe und Gold
zum Opfer bringen dem Knäblein hold."

Und die Frau, die den Engel darstellte, antwortete mit heller Stimme:

„O Menschenkind, halte treulich Schritt!
Die Kön'ge wandern, o wandre mit!
Der Stern der Liebe, der Gnade-Stern,
erhelle dein Ziel, so du suchst den Herrn!
Und fehlen Weihrauch, Myrrhe und Gold,
schenke dein Herz dem Knäblein hold.
Schenk ihm dein Herz!"

„Drei Kön'ge wandern vom Morgenland..." sang der Chor, und ich setzte mich wieder in Bewegung, die Könige hinter mir. Ganz oben neben dem Vorspruchengel war mein Platz, da konnte ich alles übersehen. Und als die Gemeinde stehend sang: „Freue dich, freue dich, o Christenheit!" da nahm ich meinen Stern, eine tragende Rolle, und führte den Auszug der Engel an, Maria und Josef, Hirten, Könige und Kinder folgten singend nach. Ein schöner, andächtiger Augenblick.

Syke 1968. Irgendwann spielte ich „unser" Krippenspiel zum letztenmal. Längst waren wir Studenten, die Könige und ich. Unsere Universitätsstadt war Münster, im Westfälischen. Oft kamen wir nicht mehr nach Hause, wir hatten anderes zu tun. Aber wenn es Weihnachten wurde, dann setzten wir uns auf die Bahn. Proben brauchten wir nichts, wenn sich die anderen vor der Krippe versammelten. Was wir zu sagen hatten, wußten wir im Schlaf, aber wir wollten es einmal im Jahr vortragen dürfen. Einmal mit den Engeln am Altar stehen, wenn die Kinder ihre Verse aufsagten, wie ich 20 Jahre zuvor. Wenn dann am Schluß der alte Hirte aufstand und sagte:

„Halleluja, halleluja,
das ist die Freude, die uns bleibt,
wenn unser Weg ins Dunkel treibt.
Halleluja, halleluja,
so wollen wir dich droben
woll heil'ger Freude loben."

Dann wußten wir, daß dieses Spiel für uns zugleich ein Bekenntnis war. Dann spürten wir, daß wir auch wirklich meinten, was wir mit der Gemeinde sangen:

„. . . Welt ging verloren,
Christ ward geboren.
Freue dich, o Christenheit!"

Weihnachtsgebet

Herr, Dein Stern
glänzt wieder in die stille Zeit,
all die gnadenlosen
Stimmungslichter strahlen mit.
Mach, o Vater,
uns zu Deinem Licht bereit,
frei, zu horchen nur
auf Deiner ernsten Ankunft Schritt.

Oft scheint der
Gewalten Gang uns absolut,
weil Du heute
Deine wahre Majestät verhüllst.
Oft fehlt, Herr verzeih,
zu glauben noch der Mut,
daß Du Deine Prophezeiung
auch an uns erfüllst.

So zieh' wieder, Herr,
in unsere Herzen ein,
gib uns unstillbare Sehnsucht
nach dem heilgen Wort;
Laß die alte Botschaft
neue Tröstung sein
und des Glaubens Freude
wachsen in uns immerfort.

Herr, wir woll'n
der Krippe in der Hoffnung nahn,
daß für jeden, der die Angst
nicht zu ertragen meint,
wie's in Bethlehem
einst auch die Hirten sahn,
dein Erlösungszeichen
in sein schwaches Leben scheint.

Noch ist Zeit

Eine gelbe Kerze

Obwohl man ihm Beruhigungsmittel gegeben hatte, fühlte der Patient sich nervös und innerlich unruhig. Das Bett neben ihm stand leer, und so war er mit seiner Unzufriedenheit allein. Er lag im 8. Stock, draußen schien sich eine naßkalte Dämmerung auszubreiten. Deutlich konnte er die Elbe erkennen, davor die Häuser von Othmarschen, in denen nach und nach die Lichter angingen, lauter weiß-gelb leuchtende Vierecke.

„Wo nur meine Frau bleibt!", dachte er ungeduldig und angelte nach der Uhr auf dem Nachttisch. Während er sich mühsam auf die Zeiger konzentrierte, hörte er, wie die Tür seines Zimmers leise geöffnet wurde. Nervös schaute er auf, doch die Tür verharrte in halb geöffnetem Zustand, nichts geschah. „Ja bitte!", rief er mit jener Forschheit, mit der er auch in seinem Büro zu regieren pflegte. „Danke", antwortete eine helle Stimme, und die Tür wurde ganz geöffnet.

Auf der Schwelle stand ein kleines Mädchen in einem roten Bademantel und blickte den Patienten mit großen Augen an. „Du hast dich sicher verlaufen", sagte er etwas milder gestimmt. Das Mädchen antwortete nicht, sondern kam in das Zimmer herein. „Schön hast du's hier", sagte sie und blickte sich um. „Schön?", fragte er fast verächtlich und fügte mit einem gewissen Trotz hinzu: „Wo denn?" „Da", antwortete das Mädchen und lenkte seinen Blick auf den Nachttisch. Eine gelbe Kerze stand dort, und in der Vase

ein Tannenzweig, an den die Schwestern zwei Strohsterne gehängt hatten. Der Luftzug bewegte sie leicht, fast, als schwebten sie. Der Patient hatte den Strauß bisher nur mit einem Seitenblick wahrgenommen. Die Tatsache, daß heute der 24. Dezember war, hatte er in den letzten Stunden verdrängt. Jetzt aber fiel es ihm wieder ein, und er erschrak bei dem Gedanken: „Nun habe ich nicht einmal Geschenke besorgt“, murmelte er halblaut und dachte an seine Frau und die Enttäuschung der Kinder.

Es war alles viel zu schnell gegangen mit seiner Einlieferung, die üblichen Vorbereitungen mußten unterbleiben. „Du hast doch genug zum Schenken“, sagte das kleine Mädchen, setzte sich auf das Nachbarbett und baumelte mit den Beinen. „Ich? Was denn?“, fragte der Mann erstaunt, und es klang fast ein wenig bittend. Das Mädchen lächelte verständnisvoll: „Zum Beispiel Zeit“, sagte sie, „du hast sehr viel Zeit“. „Zeit kann man nicht verschenken“, erwiderte der Mann. Es sollte belehrend klingen, kam aber ein wenig unsicher heraus. „Natürlich kannst du Zeit verschenken“, seine Besucherin war voller Überzeugung. „Und wie, wenn ich bitten darf?“, fragte der Patient. „Durch Zuhören“, kam es wie selbstverständlich vom Nachbarbett, „du kannst doch zuhören“. „Zuhören“, dachte der Patient, und es kam ihm wie ein Fremdwort vor. Wenn die Leute von einem den ganzen Tag Erklärungen und Anweisungen erwarten, dann kommt man nicht mehr so recht zum Zuhören, und die Zeit wird knapp ...

Das merkwürdige Mädchen sprach weiter: „Du hast soo viel Zeit“, sagte sie mit ihrer hellen Stimme und streckte die Hand aus, als ob sie die Zeit fühlen könnte: „Du kannst doch etwas davon abgeben?“ Der

Patient betrachtete verwundert das Zimmer, aber er konnte die Zeit nicht sehen. Er dachte an die Aufregung, die sein Herzinfarkt gebracht hatte, an die vielen wichtigen Dinge, die liegengeblieben waren und eigentlich dringend erledigt werden mußten. Hektik und Konkurrenzkampf waren in seinem Beruf groß. Man hatte ja schließlich seine Verantwortung, aber jetzt...

Auf einmal schien alles weniger wichtig zu sein. Die Gewichte seines Lebens waren verrutscht. Manches, was noch gestern absoluten Vorrang hatte, trat in den Hintergrund.

Jetzt hatte er wirklich Zeit: Für seine kleine Besucherin, für ungewohnte Gedanken und für einen Zweig mit zwei Sternen dran. Genug, um davon etwas abzugeben? Er kam ins Grübeln, während die Dämmerung vollends in sein Zimmer zog. Er konnte das Mädchen nur noch schwach erkennen, und als er nach einer langen Weile wieder hinguckte, war sie nicht mehr da.

Es klopfte, Licht flammte auf. Seine Frau stand im Türrahmen, schwer beladen und abgehetzt. „Entschuldige meine Verspätung“, bat sie und sah ihn ängstlich-prüfend an. „Macht nichts“, sagte er zu ihrer Verwunderung, „ich habe ja jetzt viel Zeit.“ Und lächelnd fügte er hinzu: „Nimm dir erst mal einen Stuhl, setz dich und erzähl von zu Hause. Vielleicht können wir auch diese Kerze anzünden.“

Die Frau glaubte ihren Ohren nicht zu trauen. Sie ließ sich auf den Stuhl fallen und atmete erst einmal tief durch, das erste Mal nach langer Zeit.

Weihnachten an der Elbe

Wenn bloß kein Sturm aufzieht

Langsam tuckert das Kümo „Antje“ elbabwärts in Richtung See. Ganz leise ist es an Deck, fast so als schliefe alles. Arne Christensen, der Kapitän, steht am Ruder. An Steuerbord zieht Övelgönne, Teufelsbrück und Blankenese vorbei. Durch die Fensterscheiben winkt ein warmer Schein zu ihm herüber. Auch leuchtende Tannenbäume kann er entdecken.

„Die machen sich das gemütlich zu Hause“, geht es Kapitän Christensen durch den Kopf, und seine Augen wandern über das schwarze Wasser. „Antje“ tuckert elbabwärts in Richtung See.

„Wenn bloß kein Sturm aufzieht! Im Wetterbericht haben sie für heute scharfen Wind von Südwest angesagt... Kann sich der Sturm nicht wenigstens Weihnachten zur Ruhe legen?!“ „Antje“ tuckert elbabwärts in Richtung See.

Christensen summt. Die Lichter von Blankenese verschwimmen achteraus. Und immer noch brummt er in seinen weißen Bart die Melodie. Ein altes Kirchenlied, das er schon von seinem Großvater gelernt hat:

„Wie mit grimmgen Unverstand, Wellen sich bewegen!
Nirgends Rettung, nirgends Land vor des Sturmwinds Schlägen.
Einer ist's, der in der Nacht,
einer ist's, der uns bewacht:
Christ Kyrie, du wandelst auf der See.“

Ein richtiger Weihnachts-Choral will ihm gerade nicht einfallen. Aber ein bißchen von Weihnachten ist vielleicht doch drin. Laß man gut sein. „Antje“ tukkert elbabwärts in Richtung See.

Weihnachtstagebuch

Von guten Mächten wunderbar geborgen

1. Advent

Eben war ich zu einem kurzen Spaziergang an der Elbe. Naß, kalt und neblig war es draußen, kein Wetter für mich. Auch Antje und Jens hängen irgendwo herum und wissen nichts Rechtes mit sich anzufangen. Da war es schon eine gute Idee von Mutti, uns drei (selbst Vati kam später dazu) nach dem Mittag zu einer „adventlichen Teeparty" einzuladen. Man muß es ihr lassen, sie hatte richtig Atmosphäre in das Wohnzimmer gebracht, stimmungsvoll, aber nicht überladen. Tee, Kekse und eine Kerze im grünen Adventsgesteck – Jens hatte ihr beim Backen geholfen (was der so helfen nennt!). Es war aber richtig gemütlich, als wir so beisammensaßen. Und als uns der Gesprächsstoff allmählich ausging, da brachte sie die Rede auf Weihnachten, auf ihre Erinnerungen an zu Hause und auf den eigentlichen Hintergrund der ganzen Feierei. In was für einem Zusammenhang die Geschichte von Jesus steht, und was der Sinn einer Kerze sein könnte, die in diese dunkle Jahreszeit scheint. Mutter macht es ja immer ganz locker, so daß es natürlich und entspannt wirkte, selbst als sie über die Weihnachtsgeschichte noch etwas aus einem Buch vorlas. Wie gesagt, es war richtig stimmungsvoll. Beinah hätten wir sogar gesungen. Vielleicht nächsten Sonntag, denn wir waren alle dafür, so etwas noch einmal zu machen, und nächsten Sonntag ist ja der 2. Advent. Ich könnte sogar meine Gitarre hervorholen.

23. Dezember

Morgen ist Heiligabend. Mit dem Älterwerden habe ich eigentlich einen gewissen Abstand zum Weihnachtsfest gewonnen. Ich freue mich nicht mehr so darauf – wenn ich an das letzte Jahr denke, kriege ich es sogar mit der Angst zu tun: Wahnsinnig, dieses Gehetze durch die Geschäfte, die viele Arbeit im Haushalt, das große Fressen und die Berge von Abwasch, Nervosität und Streitigkeiten in unserer Familie!

Darum wollten wir diesmal ausprobieren, ob man diese Tage nicht auch anders feiern kann. Sinnvoller, weniger hektisch und manches eine Nummer kleiner. Tatsächlich haben wir in den letzten Wochen auf manche Äußerlichkeiten verzichten können. Das, was wir gemacht haben, war dafür eigentlich echter als sonst. Das Zusammensitzen, die Lieder, das Vorlesen und die gemeinsamen Vorbereitungen. Fast spüre ich so etwas wie Vorfreude. Ich wünschte mir, daß wir Weihnachten ein bißchen zu uns selber kommen, daß wir ein wenig vom Inhalt des Festes mitkriegen und daß es friedlich sein wird. Es könnte sein, daß diese Feiertage für unsere Familie eine Chance sind, manches anders und neu zu gestalten.

25. Dezember

Der gestrige Abend war einsame Spitze und nicht so ein Krampf wie im letzten Jahr. Wir haben alles etwas lockerer genommen: Das Essen war einfach (aber schön), der Baum nicht so perfekt geschmückt (dafür natürlicher), und die Geschenke waren (bis auf ein paar) gezielter und liebevoller ausgesucht. Alles war etwas stiller, aber wir hatten mehr Zeit für-

einander als sonst, und dann sieht man manche kleine Gesten und Geschenkideen eben bewußter.

Als es mit dem Singen diesmal nicht so recht klappen wollte (die Kleinen waren zu sehr abgelenkt), haben wir es eben gelassen und eine Platte aufgelegt. Das war auch ganz schön, und schließlich wollen wir ja keine Musterfamilie in Sachen Weihnachtsfeier werden. Immerhin wurde doch deutlich, daß wir uns bei allem Knatsch sonst mögen und daß man sich bei uns zu Hause fühlen kann.

Um 23.00 Uhr gingen Mutti, Vati und ich noch zur Kirche, zu einem Mitternachtsgottesdienst, Antje und Jens wollten zu Hause bleiben. Es war eine eigenartige Stimmung in der Kirche, so still und feierlich, wie ich es bei Gottesdiensten tagsüber nie erlebt hatte. Vorne standen zwei große Tannenbäume, die so richtig in die Dunkelheit strahlten. Ich habe die ganze Zeit hingesehen und meinen Gedanken nachgehangen. Dabei bin ich von der Ansprache unseres Pastors abgeschweift, als er von den armseligen Quartierverhältnissen in Bethlehem sprach und von den hungernden Kindern in der Welt. Ich mußte an den manchmal übertriebenen Lebensstil unserer Familie und meine eigenen Ansprüche denken und wo wir etwas reduzieren könnten. Ich mußte aber auch daran denken, wieviel schöner Advent und Weihnachten bisher verlaufen sind und ob wir manches nicht auf das ganze Jahr und das gesamte Leben unserer Familie übertragen könnten. Auch die Geschichte mit Jesus will sich nicht nur auf drei mehr oder weniger gefühlvolle Tage beziehen, sondern auf ein ganzes Leben.

Der Chor und die Lieder waren wirklich gut, aber das schönste war eigentlich, daß wir drei einmal so etwas zusammen ge-

macht haben. Wann gibt es das bei uns sonst schon mal.

31. Dezember

Ich sitze am Fenster, mein Tagebuch auf den Knien. Draußen knallt es von Zeit zu Zeit, und die ersten Leuchtraketen werden gezündet. In einer Stunde kommen Martin, Jörg-Peter und Uwe zu Besuch.

Das hat einen irren Aufstand gegeben, als wir den anderen erklärten, daß wir die übliche Silvesterfete diesmal nicht mitmachen wollten. Bestimmt sind mir einige böse, aber ich finde meine Entscheidung auch heute noch richtig. Die ständigen Partys mit immer denselben Typen, derselben Musik und denselben Gesprächen hängen mir augenblicklich zum Hals heraus. Statt dessen wollen wir Musik hören, uns unterhalten und vielleicht einige Gesellschaftsspiele machen. Mutti wollte für Essen und einen Teepunsch sorgen. Sie geht dann mit Vati zum Jahresschluß-Gottesdienst, wir nicht. Trotzdem ist so ein Jahreswechsel ja ein Augenblick, wo man über einiges grundsätzlich nachdenken kann. Wie wird es weitergehen mit uns allen?

Ich erhoffe mir für das neue Jahr wahnsinnig viel, aber manchmal weiß ich auch, daß alles danebengehen könnte. Dann fällt mir eine Spruchkarte ein, die mir Tante Adelheid geschickt hat. Da steht: Von guten Mächten wunderbar geborgen erwarten wir getrost, was kommen mag. Gott ist mit uns am Abend und am Morgen und ganz gewiß an jedem neuen Tag. Tante Adelheid ist für meinen Geschmack zu fromm, aber das ist für den Spruch eigentlich egal. Wenn das stimmen würde, daß Gott mit uns wäre, dann wär das schon echt gut.

Das Schaf

Erst ein weißes, nun noch ein schwarzes

Als ich das Schaf zum ersten Mal sah, stand es im Schaufenster eines Möbelgeschäftes und blickte etwas verloren durch die Scheibe. „Was soll ein Pastor mit einem Schaf?“, fragte ich mich und eilte weiter, weil ich zu einer Sitzung mußte. Dort langweilte ich mich sehr, denn es wurde viel geredet, und alle nahmen sich furchtbar wichtig. „Hätte ich das Schaf dabeigehabt, wäre die Sitzung lockerer verlaufen“, dachte ich auf dem Nachhauseweg. Als ich nachts wieder Schäfchen zählen mußte, beschloß ich, das Tier am nächsten Morgen zu kaufen. Während der Verkäufer das Geld zählte, nahm ich mein Wolltier auf die Schulter und ging zu einer Sitzung. „Nanu, was soll ein Schaf in unserer Sitzung?", fragten meine Kollegen und schüttelten die Köpfe. Als ich sie aber an die vielen Schafe in der Bibel erinnerte, verstanden sie alles und nickten unserem vierbeinigen Gast freundlich zu. Die Sitzung wurde sehr lustig und war viel kürzer als sonst.

Am nächsten Tag rief mein Freund Heinrich an: „Man hat mir von deinem Schaf erzählt. Leihst du es mir einmal aus?" Heinrich ist Pastor in Harburg und brauchte das Schaf für den Kindergottesdienst. Dort übernahm es eine wichtige Rolle im Gleichnis vom verlorenen Schaf: Alle Kinder mußten ausschwärmen und das verlorene Schaf suchen. Sie guckten unter die Bänke, kletterten auf die Kanzel, schauten hinter den Altar und krabbelten auf die Empore. „Hier ist es!", riefen zwei Mädchen aus dem Seitengang, und schon wurde das Tier abwechselnd auf die Schulter genommen und mit großer Freude zum Altar getragen. „So freut man sich im Himmel über jeden, der umkehrt zu Gott", erzählte Heinrich, und alle stellten sich um das wiedergefundene Schaf und sangen ein Lied.

Inzwischen ist mein Schaf häufiger unterwegs. Bei Sitzungen und Andachten, bei Kinder- und Familiengottesdiensten und natürlich bei Krippenspielen. Ich habe mir sogar noch ein zweites gekauft. Das ist aber kleiner und schwarz. Ich glaube, daß Jesus an seiner Krippe besonders gern schwarze Schafe hat.

Unser Weg zum Weihnachtsstern

Kamel nennen mich die einen, Dromedar die anderen. Wieder andere finden klingende, lyrische Namen, und alle meinen, mich zu kennen. Wie es aber ist, den Sand unter den Hufen zu spüren, in milde schaukelndem Schritt die Weite zu gewinnen und in der Kühle des Abends den Himmel zu fühlen, das wissen sie nicht.

Häufiger rufen die Treiber ihr hektisches „Heik! Heik!", der Weg wird steiniger. Dornenbüsche und Disteln säumen die alte Karawanenstraße. Verdorrte Gräser. Dann wieder finde ich Schneckenklee und wilde Levkojen, ein annehmbarer Fraß. Der alte Mann auf meinem Rücken ist eingenickt, wie schon so oft. Ab und zu schreckt er auf und sucht den Himmel ab, als ob er den Stern verlieren könnte, seinen Stern. Die drei reden ja von nichts anderem, und das schon seit sieben Wochen. Da ist von einem tönernen Sternenkalender die Rede, von Bewegungen am Himmel und bevorstehenden Ereignissen. „Wenn sich der Stern der Endzeit mit dem Planeten Palästinas vereint, wird dort der Herrscher aller Zeiten geboren", sagt Melchior manchmal eindringlich und schaut die anderen beschwörend an. Und dann blicken sie wieder gemeinsam nach oben. Ich verstehe nichts davon, aber ich höre an den Stimmen, daß ihre Spannung steigt und ihre Neugierde auf den jüdischen König, dessen Geburt sie am Himmel entdeckt haben wollen.

Oft übernachten wir auf dem Felde. Wenn wir aber in den Innenhöfen einer Karawanserei liegen, die Vorderbeine zusammengebunden, dann sehe ich manchmal, wie sich der Alte oben in seinem Schlafgemach erhebt. In seinem gelben Gewand tritt er auf die Galerie hinaus und schaut gebannt auf den Stern. Lange Zeit steht er da, in sich versunken wie eine Statue.

Feierlich und still ist es ringsum, bis auf das Lastkamel El Aschal, das neben mir vor sich hinbrummt, und seinen Neffen El Chasid, der sein gedämpftes Gurgeln anstimmt. Ich möchte dem Melchior wünschen, daß seine Beobachtungen wahr sind und daß er sein Ziel erreicht. An mir sollen seine Träume nicht scheitern.

Mit Städten habe ich eigentlich nicht viel am Huf, aber Jerusalem, das ist eine besondere Stadt! Schon von ferne leuchten die hochgebauten Stadtmauern herüber, die Umrisse des Königspalastes mit seinem aufragenden Turm und die gewaltige Baustelle des Tempels. Kaum merklich beschleunigt unsere Karawane den Schritt. „Tscha! Tscha!" rufen die Treiber und versuchen vergeblich, uns zum Galopp anzutreiben. Kaum erreichen wir die Stadtmauer, erregen wir bereits Aufsehen. Leute strömen zusammen. Selbst die Bauarbeiter am Tempel lassen für einen Hammerschlag ihre Arbeit ruhen.

Ehrenvoll der Empfang im Palast des Herodes! Großzügig werden wir im königlichen Stall behandelt: Man reibt uns mit Olivenöl ab, mischt wohlschmeckende Gerstengrütze ins Futter und behängt uns sogar mit buntem Leder! Unseren Sterndeutern geht's sicherlich ähnlich. Wenn ich sie sehe, tragen sie ein geschmeicheltes Lächeln zur Schau, aber liegt hier die Erfüllung ihrer Wünsche? Ich habe Zweifel. Am Himmel mögen sie sich ja auskennen, aber von Menschen verstehen sie weniger.

Man sieht und hört im Stall nämlich einiges, und das hört sich nicht gut an. König Herodes soll ein schlimmer Bluthund

sein, erzählt man. Gerade ließ er zwei seiner Söhne erdrosseln, und das mit Billigung des Kaisers Augustus! Folter, Feuersbrände und Hinrichtungen scheinen seinen Weg zu pflastern. Ich rieche geradezu das Mißtrauen, das hier in den Mauern nistet. Womöglich läßt er auch noch Kamele schlachten, um ihr Fleisch an die Fremdarbeiter des Tempels zu verkaufen?

Beunruhigend auch, was man sich von den Pharisäern erzählt: Einige hätten die Geburt des messianischen Wunderkönigs vorausgesagt und würden nun dafür verfolgt. Ob das mit Melchiors Beobachtungen zusammenhängt? Mir ist nicht wohl zumute, und die königliche Gerste schmeckt mir gar nicht mehr so gut...

Tags darauf kommt Leben in den Stall. Proviant wird herangeschleppt, Wasserschläuche aus Ziegenhäuten. Erst am späten Nachmittag brechen wir auf, endlich! Zu einem Marktflecken gar nicht weit von hier soll es gehen. „Bethlehem", den Namen habe ich nie gehört. Als wir aber die Stadtmauern hinter uns haben, den hohen Tempelberg im Rücken, wird mir wohler ums Herz. Endlich wieder frei atmen können, frei schauen und schreiten, im wiegenden Rhythmus durch das schöne Tal. Ein herrlicher Abend, die Luft ist rein und nicht mehr heiß. Zur Linken im zarten Dunst der Ferne bläuliche Bergzüge, dicht neben uns das Grün der Feigen- und Olivenbäume. Auch Melchior ist aufgeräumt, er redet in einem fort. Die Schriftgelehrten des Herodes haben offenbar in heiligen Büchern gesucht und die alten Weissagungen der Propheten befragt. Dabei sind sie auf die Verheißung eines gewissen Micha gestoßen, Melchior kann sie inzwischen auswendig: „Du aber, Bethlehem, du kleinste unter den Städten Judas, aus dir soll hervorgehen der Herrscher Israels, dessen Herkunft von Ewigkeit her war.“ Bethlehem also, von mir aus auch Bethlehem.

Die Schatten werden länger. Ab und zu ein Brunnen, ein Haus. Wir kommen auf dem Hochgebirgsrücken nur langsam voran. Als der Abend hereinbricht, haben sie ihn endlich wieder, ihren Stern, klarer als je zuvor. Da liegt auch schon Bethlehem, ein Haufen Lehmwände und Flachdächer. Die Kunde von unserem Kommen ist uns vorausgeeilt. Auf dem Marktplatz herrscht Aufregung. Überall Hunde, Ziegen und Menschen. Selbst Neugeborene sind dabei, klein und krähend, eines gleicht dem anderen.

Die Sterndeuter sind ratlos. Sie hasten von einem zum anderen, befragen die Eltern. Der neue König ist nicht dabei, das spüre ich gleich. Melchior bekommt hektische Flecken im Gesicht, und der Stern verschwindet hinter einer Wolkenwand. Was nun? Die Weisen steigen wieder auf, die Karawane zieht weiter. Aber wohin? Doch dann entdecke ich am Ortsrand jenen Stall, nicht bedeutend zwar, eher schäbig. Kein König würde je seinen Fuß da reinsetzen. Aber ich spüre, daß dort etwas besonderes geschieht: Das Licht fällt so wärmend aus dem Tor, die beiden Hirten davor sehen richtig andächtig aus.

„Da ist er wieder unser Königsstern!“ Melchiors Stimme klingt heiser vor Aufregung: „Meine Sehnsucht, die weite Reise…“ flüstert er und wendet sich um: „Schnell, die Geschenke!“ Das Tor schwenkt auf. Das Lastkamel El Chasid gurgelt vor Freude. Nein, hier wird man uns nicht mit Olivenöl abreiben, hier mischt man uns keine Leckerbissen ins Futter. Aber hier riecht es nach Nestwärme und Vertrauen, hier schmeckt es nach Frieden, nach Erlösung. Ich falle in die Knie, bevor Melchior etwas sagt.

Erste Schritte

Gute Vorsätze, wie jedes Jahr

Als die Dämmerung anbrach, machte sich Holger Bender auf den Weg zum Glascontainer. Die vier Taschen und Tüten zogen schwer an Händen und Armen, die Weinflaschen klirrten leise bei jedem Schritt. Er wählte den Weg durch den kleinen Park und hoffte, möglichst wenig Bekannte zu treffen. Lieber begegnet man sich mit vollen Flaschen, nach dem Einkaufen etwa, mit den Kindern oder mit dem Hund. Da kann man über Dinge reden, die vor einem liegen, über Schule, Wetter und Feste.

Leere Flaschen sind kein guter Gesprächsstoff, dachte er und erinnert sich an die Familienszene vor einigen Stunden in der Küche. Seine Frau war gegen eine Flasche gestoßen und schimpfte: „Müssen die auch überall herumstehen? Du könntest ja auch mal zum Container fahren." „Wer von uns ist denn ständig mit dem Auto unterwegs?" gab er zurück. „Und wer von uns trinkt am meisten?" konterte sie. Das war nicht fair, aber natürlich wahr. Ich trinke tatsächlich zuviel, dachte er, und Christa zieht nach Kräften mit.

Von Genuß kann man bei uns kaum noch sprechen, eher von Zwang. Auch nicht von Wohlbefinden und guter Laune, eher von Aggressionen und Katerstimmung.

Er bog in eine Wohnstraße ein, es fing an zu schneien. Zwei junge Männer trugen aus einem Auto volle Bierkästen ins Haus,

die Silvesterfeiern wurden vorbereitet. In ihrer Plastiktüte waren sicher auch Knaller und Leuchtkörper. Alle Jahre wieder.

Die Tüten wurden ihm allmählich schwer. Aber als Christa mit dem Auto fort mußte, hatte er spontan beschlossen, reinen Tisch zu machen, auch zu Fuß. Schaden konnte ihm der Fußweg sicher nicht, auch wenn seine Arme nun immer länger wurden. Noch bis zur Ampel und dann zweihundert Meter geradeaus. Vorsätze fielen ihm ein, gute Vorsätze, wie jedes Jahr. Mit Alkohol und Ehe hingen sie zusammen, mit Gesprächen, Ehrlichkeit und Lebenssinn. Als er gerade selbstkritisch mit sich ins Gericht ging, riß die erste Tüte. Klirrend zersplitterten Flaschen auf dem Gehweg.

„Mist!“ entfuhr es ihm, und „Prost Neujahr!“ rief es von irgendwo, aber er konnte niemanden sehen. Es war ihm peinlich. Er schob die Scherben mit dem Fuß zusammen, nun würde er zweimal zum Container gehen müssen.

„Das fängt ja gut an“, meinte ein Passant, und Holger mußte etwas lachen.

Wenn Scherben Glück brächten, hätte er nun genug davon. Aber darauf wollte er sich nicht verlassen.

Auf dem Rückweg spürte er Erleichterung. Die Schneedecke war dichter geworden, die ersten Schritte waren getan.

Gott

schick deine leisen Boten
mit sanftem Flügelschlag
in das Toben der Welt
zu ruhen in ihrem Schatten
für einen Atemzug
geborgen sein

sende die guten Wünsche
der fernen Eltern
in die Fremde der Stadt
zu leben in ihrem Schutz
für eine Einsamkeit
zu Hause sein

schenk deine tröstenden Träume
Gefährten der Nacht
in die Tiefe der Angst
die Hände zu falten
und aufzuwachen
in Hoffnung und Licht

laß deine Engel um uns sein

Der Autor Pastor Hinrich C. G. Westphal ist Öffentlichkeitspastor der Nordelbischen Ev.-Luth. Kirche im Amt für Öffentlichkeitsdienst in Hamburg und arbeitet als freier Journalist.

Illustrationen: Jürgen-Alexander Hess, Hamburg

Satz: Alphabeta Gerds GmbH, Hamburg
Lithos: Reproduktionsanstalt Neumünster
Schrift: Cheltenham ITC
Druck: Clausen & Bosse, Leck

ISBN 3 7600 0570-5
Best.-Nr. 1 1301-3